THE QURAN TRACING BOOK

THE FULL 30TH PART OF THE QURAN

ALSO KNOWN AS 'JUZ AMMA'

SCAN QR CODE WITH YOUR PHONE TO VIEW ALL OUR BOOKS

PUBLISHED BY

JOLLY MUSLIM .COM

TABLE OF CONTENTS

INTRODUCTION

Purpose of this Book

This book has been thoughtfully designed to be an invaluable educational tool for kids and adults who want to learn how to write the Arabic alphabet found in the Quran.

This book's main goal is to give readers an engaging, hands-on method for studying the Quran's exquisite Arabic calligraphy. We are aware that learning a new script can be difficult, particularly when it comes to the Quran's holy words. As a result, the goal of this book's design is to make learning engaging, approachable, and significant.

Benefits for Children:

Introduction to Arabic Letters: This book is a great way for kids to become acquainted with the Arabic alphabet and provides a solid basis for their further language studies.

Improved Motor Skills: By encouraging children to trace, the activities in this book help them develop their fine motor skills, which in turn improves their hand-eye coordination.

Relationship with Quranic Verses: Children can develop a stronger bond with the holy book and a passion for the Quranic language by tracing over verses from the Quran.

Benefits for Adults:

Ease of Learning: Regardless of experience level, this book provides a structured, step-by-step learning process that makes learning Arabic script approachable and enjoyable.

Beauty of the Language: For people who want to learn Arabic more deeply, this book offers an insight into the significance and beauty of Arabic calligraphy as it is shown in the Quran.

Spiritual Connection: By following the verses of the Quran, adults can develop a sense of calm and devotion as well as strengthen their spiritual bond with the holy book.

SURAH AN-NABA'

THE EVENT

(CHAPTER 78)

سُورَةُ النَّبَإِ

بِسۡمِ ٱللَّهِ ٱلرَّحۡمَٰنِ ٱلرَّحِيمِ

عَمَّ يَتَسَآءَلُونَ ﴿١﴾ عَنِ ٱلنَّبَإِ ٱلۡعَظِيمِ ﴿٢﴾ ٱلَّذِى هُمۡ فِيهِ مُخۡتَلِفُونَ ﴿٣﴾ كَلَّا سَيَعۡلَمُونَ ﴿٤﴾ ثُمَّ كَلَّا سَيَعۡلَمُونَ ﴿٥﴾ أَلَمۡ نَجۡعَلِ ٱلۡأَرۡضَ مِهَٰدًا ﴿٦﴾ وَٱلۡجِبَالَ أَوۡتَادًا ﴿٧﴾ وَخَلَقۡنَٰكُمۡ أَزۡوَٰجًا ﴿٨﴾ وَجَعَلۡنَا نَوۡمَكُمۡ سُبَاتًا ﴿٩﴾ وَجَعَلۡنَا ٱلَّيۡلَ لِبَاسًا ﴿١٠﴾ وَجَعَلۡنَا ٱلنَّهَارَ مَعَاشًا ﴿١١﴾ وَبَنَيۡنَا فَوۡقَكُمۡ سَبۡعًا شِدَادًا ﴿١٢﴾ وَجَعَلۡنَا سِرَاجًا وَهَّاجًا ﴿١٣﴾ وَأَنزَلۡنَا مِنَ ٱلۡمُعۡصِرَٰتِ مَآءً ثَجَّاجًا ﴿١٤﴾ لِنُخۡرِجَ بِهِۦ حَبًّا وَنَبَاتًا ﴿١٥﴾ وَجَنَّٰتٍ أَلۡفَافًا ﴿١٦﴾ إِنَّ يَوۡمَ ٱلۡفَصۡلِ كَانَ مِيقَٰتًا ﴿١٧﴾ يَوۡمَ يُنفَخُ فِى ٱلصُّورِ فَتَأۡتُونَ أَفۡوَاجًا ﴿١٨﴾ وَفُتِحَتِ ٱلسَّمَآءُ فَكَانَتۡ أَبۡوَٰبًا ﴿١٩﴾ وَسُيِّرَتِ ٱلۡجِبَالُ فَكَانَتۡ سَرَابًا ﴿٢٠﴾ إِنَّ جَهَنَّمَ كَانَتۡ مِرۡصَادًا ﴿٢١﴾ لِّلطَّٰغِينَ مَـَٔابًا ﴿٢٢﴾ لَّٰبِثِينَ فِيهَآ أَحۡقَابًا ﴿٢٣﴾ لَّا يَذُوقُونَ فِيهَا بَرۡدًا وَلَا شَرَابًا ﴿٢٤﴾ إِلَّا حَمِيمًا وَغَسَّاقًا ﴿٢٥﴾ جَزَآءً وِفَاقًا ﴿٢٦﴾ إِنَّهُمۡ كَانُوا۟ لَا يَرۡجُونَ حِسَابًا ﴿٢٧﴾ وَكَذَّبُوا۟ بِـَٔايَٰتِنَا كِذَّابًا ﴿٢٨﴾ وَكُلَّ شَىۡءٍ أَحۡصَيۡنَٰهُ كِتَٰبًا ﴿٢٩﴾ فَذُوقُوا۟ فَلَن نَّزِيدَكُمۡ إِلَّا عَذَابًا ﴿٣٠﴾

SURAH AN-NAZI'AT

THE SNATCHERS

(CHAPTER 79)

إِنَّ لِلْمُتَّقِينَ مَفَازًا ﴿٣١﴾ حَدَآئِقَ وَأَعْنَٰبًا ﴿٣٢﴾ وَكَوَاعِبَ أَتْرَابًا ﴿٣٣﴾ وَكَأْسًا
دِهَاقًا ﴿٣٤﴾ لَّا يَسْمَعُونَ فِيهَا لَغْوًا وَلَا كِذَّٰبًا ﴿٣٥﴾ جَزَآءً مِّن رَّبِّكَ عَطَآءً
حِسَابًا ﴿٣٦﴾ رَّبِّ ٱلسَّمَٰوَٰتِ وَٱلْأَرْضِ وَمَا بَيْنَهُمَا ٱلرَّحْمَٰنِ لَا يَمْلِكُونَ
مِنْهُ خِطَابًا ﴿٣٧﴾ يَوْمَ يَقُومُ ٱلرُّوحُ وَٱلْمَلَٰٓئِكَةُ صَفًّا لَّا يَتَكَلَّمُونَ
إِلَّا مَنْ أَذِنَ لَهُ ٱلرَّحْمَٰنُ وَقَالَ صَوَابًا ﴿٣٨﴾ ذَٰلِكَ ٱلْيَوْمُ ٱلْحَقُّ فَمَن
شَآءَ ٱتَّخَذَ إِلَىٰ رَبِّهِۦ مَـَٔابًا ﴿٣٩﴾ إِنَّآ أَنذَرْنَٰكُمْ عَذَابًا قَرِيبًا يَوْمَ
يَنظُرُ ٱلْمَرْءُ مَا قَدَّمَتْ يَدَاهُ وَيَقُولُ ٱلْكَافِرُ يَٰلَيْتَنِى كُنتُ تُرَٰبًا ﴿٤٠﴾

سُورَةُ النَّازِعَاتِ

بِسْمِ ٱللَّهِ ٱلرَّحْمَٰنِ ٱلرَّحِيمِ

وَٱلنَّٰزِعَٰتِ غَرْقًا ﴿١﴾ وَٱلنَّٰشِطَٰتِ نَشْطًا ﴿٢﴾ وَٱلسَّٰبِحَٰتِ سَبْحًا
﴿٣﴾ فَٱلسَّٰبِقَٰتِ سَبْقًا ﴿٤﴾ فَٱلْمُدَبِّرَٰتِ أَمْرًا ﴿٥﴾ يَوْمَ تَرْجُفُ ٱلرَّاجِفَةُ
﴿٦﴾ تَتْبَعُهَا ٱلرَّادِفَةُ ﴿٧﴾ قُلُوبٌ يَوْمَئِذٍ وَاجِفَةٌ ﴿٨﴾ أَبْصَٰرُهَا
خَٰشِعَةٌ ﴿٩﴾ يَقُولُونَ أَءِنَّا لَمَرْدُودُونَ فِى ٱلْحَافِرَةِ ﴿١٠﴾ أَءِذَا كُنَّا
عِظَٰمًا نَّخِرَةً ﴿١١﴾ قَالُوا۟ تِلْكَ إِذًا كَرَّةٌ خَاسِرَةٌ ﴿١٢﴾ فَإِنَّمَا هِىَ زَجْرَةٌ
وَٰحِدَةٌ ﴿١٣﴾ فَإِذَا هُم بِٱلسَّاهِرَةِ ﴿١٤﴾ هَلْ أَتَىٰكَ حَدِيثُ مُوسَىٰٓ ﴿١٥﴾

SURAH CONTINUED

إِذْ نَادَىٰهُ رَبُّهُۥ بِٱلْوَادِ ٱلْمُقَدَّسِ طُوًى ﴿١٦﴾ ٱذْهَبْ إِلَىٰ فِرْعَوْنَ إِنَّهُۥ طَغَىٰ ﴿١٧﴾
فَقُلْ هَل لَّكَ إِلَىٰٓ أَن تَزَكَّىٰ ﴿١٨﴾ وَأَهْدِيَكَ إِلَىٰ رَبِّكَ فَتَخْشَىٰ ﴿١٩﴾ فَأَرَىٰهُ
ٱلْـَٔايَةَ ٱلْكُبْرَىٰ ﴿٢٠﴾ فَكَذَّبَ وَعَصَىٰ ﴿٢١﴾ ثُمَّ أَدْبَرَ يَسْعَىٰ ﴿٢٢﴾ فَحَشَرَ
فَنَادَىٰ ﴿٢٣﴾ فَقَالَ أَنَا۠ رَبُّكُمُ ٱلْأَعْلَىٰ ﴿٢٤﴾ فَأَخَذَهُ ٱللَّهُ نَكَالَ ٱلْـَٔاخِرَةِ وَٱلْأُولَىٰٓ
﴿٢٥﴾ إِنَّ فِى ذَٰلِكَ لَعِبْرَةً لِّمَن يَخْشَىٰٓ ﴿٢٦﴾ ءَأَنتُمْ أَشَدُّ خَلْقًا أَمِ ٱلسَّمَآءُ ۚ بَنَىٰهَا
﴿٢٧﴾ رَفَعَ سَمْكَهَا فَسَوَّىٰهَا ﴿٢٨﴾ وَأَغْطَشَ لَيْلَهَا وَأَخْرَجَ ضُحَىٰهَا ﴿٢٩﴾
وَٱلْأَرْضَ بَعْدَ ذَٰلِكَ دَحَىٰهَآ ﴿٣٠﴾ أَخْرَجَ مِنْهَا مَآءَهَا وَمَرْعَىٰهَا ﴿٣١﴾
وَٱلْجِبَالَ أَرْسَىٰهَا ﴿٣٢﴾ مَتَٰعًا لَّكُمْ وَلِأَنْعَٰمِكُمْ ﴿٣٣﴾ فَإِذَا جَآءَتِ ٱلطَّآمَّةُ
ٱلْكُبْرَىٰ ﴿٣٤﴾ يَوْمَ يَتَذَكَّرُ ٱلْإِنسَٰنُ مَا سَعَىٰ ﴿٣٥﴾ وَبُرِّزَتِ ٱلْجَحِيمُ
لِمَن يَرَىٰ ﴿٣٦﴾ فَأَمَّا مَن طَغَىٰ ﴿٣٧﴾ وَءَاثَرَ ٱلْحَيَوٰةَ ٱلدُّنْيَا ﴿٣٨﴾ فَإِنَّ ٱلْجَحِيمَ
هِىَ ٱلْمَأْوَىٰ ﴿٣٩﴾ وَأَمَّا مَنْ خَافَ مَقَامَ رَبِّهِۦ وَنَهَى ٱلنَّفْسَ عَنِ ٱلْهَوَىٰ
﴿٤٠﴾ فَإِنَّ ٱلْجَنَّةَ هِىَ ٱلْمَأْوَىٰ ﴿٤١﴾ يَسْـَٔلُونَكَ عَنِ ٱلسَّاعَةِ أَيَّانَ مُرْسَىٰهَا
﴿٤٢﴾ فِيمَ أَنتَ مِن ذِكْرَىٰهَآ ﴿٤٣﴾ إِلَىٰ رَبِّكَ مُنتَهَىٰهَآ ﴿٤٤﴾ إِنَّمَآ أَنتَ مُنذِرُ
مَن يَخْشَىٰهَا ﴿٤٥﴾ كَأَنَّهُمْ يَوْمَ يَرَوْنَهَا لَمْ يَلْبَثُوٓا۟ إِلَّا عَشِيَّةً أَوْ ضُحَىٰهَا ﴿٤٦﴾

سُورَةُ عَبَسَ

SURAH 'ABASA

HE FROWNED

(CHAPTER 80)

بِسۡمِ ٱللَّهِ ٱلرَّحۡمَٰنِ ٱلرَّحِيمِ

عَبَسَ وَتَوَلَّىٰٓ ﴿١﴾ أَن جَآءَهُ ٱلۡأَعۡمَىٰ ﴿٢﴾ وَمَا يُدۡرِيكَ لَعَلَّهُۥ يَزَّكَّىٰٓ ﴿٣﴾ أَوۡ
يَذَّكَّرُ فَتَنفَعَهُ ٱلذِّكۡرَىٰٓ ﴿٤﴾ أَمَّا مَنِ ٱسۡتَغۡنَىٰ ﴿٥﴾ فَأَنتَ لَهُۥ تَصَدَّىٰ ﴿٦﴾
وَمَا عَلَيۡكَ أَلَّا يَزَّكَّىٰ ﴿٧﴾ وَأَمَّا مَن جَآءَكَ يَسۡعَىٰ ﴿٨﴾ وَهُوَ يَخۡشَىٰ ﴿٩﴾ فَأَنتَ
عَنۡهُ تَلَهَّىٰ ﴿١٠﴾ كَلَّآ إِنَّهَا تَذۡكِرَةٞ ﴿١١﴾ فَمَن شَآءَ ذَكَرَهُۥ ﴿١٢﴾ فِي صُحُفٖ مُّكَرَّمَةٖ
﴿١٣﴾ مَّرۡفُوعَةٖ مُّطَهَّرَةِۭ ﴿١٤﴾ بِأَيۡدِي سَفَرَةٖ ﴿١٥﴾ كِرَامِۭ بَرَرَةٖ ﴿١٦﴾ قُتِلَ ٱلۡإِنسَٰنُ
مَآ أَكۡفَرَهُۥ ﴿١٧﴾ مِنۡ أَيِّ شَيۡءٍ خَلَقَهُۥ ﴿١٨﴾ مِن نُّطۡفَةٍ خَلَقَهُۥ فَقَدَّرَهُۥ ﴿١٩﴾ ثُمَّ
ٱلسَّبِيلَ يَسَّرَهُۥ ﴿٢٠﴾ ثُمَّ أَمَاتَهُۥ فَأَقۡبَرَهُۥ ﴿٢١﴾ ثُمَّ إِذَا شَآءَ أَنشَرَهُۥ ﴿٢٢﴾ كَلَّا لَمَّا
يَقۡضِ مَآ أَمَرَهُۥ ﴿٢٣﴾ فَلۡيَنظُرِ ٱلۡإِنسَٰنُ إِلَىٰ طَعَامِهِۦٓ ﴿٢٤﴾ أَنَّا صَبَبۡنَا ٱلۡمَآءَ صَبّٗا
﴿٢٥﴾ ثُمَّ شَقَقۡنَا ٱلۡأَرۡضَ شَقّٗا ﴿٢٦﴾ فَأَنۢبَتۡنَا فِيهَا حَبّٗا ﴿٢٧﴾ وَعِنَبٗا وَقَضۡبٗا ﴿٢٨﴾
وَزَيۡتُونٗا وَنَخۡلٗا ﴿٢٩﴾ وَحَدَآئِقَ غُلۡبٗا ﴿٣٠﴾ وَفَٰكِهَةٗ وَأَبّٗا ﴿٣١﴾ مَّتَٰعٗا لَّكُمۡ
وَلِأَنۡعَٰمِكُمۡ ﴿٣٢﴾ فَإِذَا جَآءَتِ ٱلصَّآخَّةُ ﴿٣٣﴾ يَوۡمَ يَفِرُّ ٱلۡمَرۡءُ مِنۡ أَخِيهِ ﴿٣٤﴾
وَأُمِّهِۦ وَأَبِيهِ ﴿٣٥﴾ وَصَٰحِبَتِهِۦ وَبَنِيهِ ﴿٣٦﴾ لِكُلِّ ٱمۡرِيٕٖ مِّنۡهُمۡ يَوۡمَئِذٖ شَأۡنٞ
يُغۡنِيهِ ﴿٣٧﴾ وُجُوهٞ يَوۡمَئِذٖ مُّسۡفِرَةٞ ﴿٣٨﴾ ضَاحِكَةٞ مُّسۡتَبۡشِرَةٞ ﴿٣٩﴾ وَوُجُوهٞ
يَوۡمَئِذٍ عَلَيۡهَا غَبَرَةٞ ﴿٤٠﴾ تَرۡهَقُهَا قَتَرَةٌ ﴿٤١﴾ أُوْلَٰٓئِكَ هُمُ ٱلۡكَفَرَةُ ٱلۡفَجَرَةُ ﴿٤٢﴾

SURAH AT-TAKWIR

THE ROLLING

(CHAPTER 81)

سُورَةُ التَّكْوِيرِ

بِسۡمِ ٱللَّهِ ٱلرَّحۡمَٰنِ ٱلرَّحِيمِ

إِذَا ٱلشَّمۡسُ كُوِّرَتۡ ﴿١﴾ وَإِذَا ٱلنُّجُومُ ٱنكَدَرَتۡ ﴿٢﴾ وَإِذَا ٱلۡجِبَالُ
سُيِّرَتۡ ﴿٣﴾ وَإِذَا ٱلۡعِشَارُ عُطِّلَتۡ ﴿٤﴾ وَإِذَا ٱلۡوُحُوشُ حُشِرَتۡ
﴿٥﴾ وَإِذَا ٱلۡبِحَارُ سُجِّرَتۡ ﴿٦﴾ وَإِذَا ٱلنُّفُوسُ زُوِّجَتۡ ﴿٧﴾ وَإِذَا
ٱلۡمَوۡءُۥدَةُ سُئِلَتۡ ﴿٨﴾ بِأَيِّ ذَنۢبٖ قُتِلَتۡ ﴿٩﴾ وَإِذَا ٱلصُّحُفُ نُشِرَتۡ
﴿١٠﴾ وَإِذَا ٱلسَّمَآءُ كُشِطَتۡ ﴿١١﴾ وَإِذَا ٱلۡجَحِيمُ سُعِّرَتۡ ﴿١٢﴾ وَإِذَا ٱلۡجَنَّةُ
أُزۡلِفَتۡ ﴿١٣﴾ عَلِمَتۡ نَفۡسٞ مَّآ أَحۡضَرَتۡ ﴿١٤﴾ فَلَآ أُقۡسِمُ بِٱلۡخُنَّسِ ﴿١٥﴾
ٱلۡجَوَارِ ٱلۡكُنَّسِ ﴿١٦﴾ وَٱلَّيۡلِ إِذَا عَسۡعَسَ ﴿١٧﴾ وَٱلصُّبۡحِ إِذَا تَنَفَّسَ ﴿١٨﴾
إِنَّهُۥ لَقَوۡلُ رَسُولٖ كَرِيمٖ ﴿١٩﴾ ذِي قُوَّةٍ عِندَ ذِي ٱلۡعَرۡشِ مَكِينٖ ﴿٢٠﴾ مُّطَاعٖ
ثَمَّ أَمِينٖ ﴿٢١﴾ وَمَا صَاحِبُكُم بِمَجۡنُونٖ ﴿٢٢﴾ وَلَقَدۡ رَءَاهُ بِٱلۡأُفُقِ ٱلۡمُبِينِ
﴿٢٣﴾ وَمَا هُوَ عَلَى ٱلۡغَيۡبِ بِضَنِينٖ ﴿٢٤﴾ وَمَا هُوَ بِقَوۡلِ شَيۡطَٰنٖ رَّجِيمٖ ﴿٢٥﴾
فَأَيۡنَ تَذۡهَبُونَ ﴿٢٦﴾ إِنۡ هُوَ إِلَّا ذِكۡرٞ لِّلۡعَٰلَمِينَ ﴿٢٧﴾ لِمَن شَآءَ مِنكُمۡ أَن
يَسۡتَقِيمَ ﴿٢٨﴾ وَمَا تَشَآءُونَ إِلَّآ أَن يَشَآءَ ٱللَّهُ رَبُّ ٱلۡعَٰلَمِينَ ﴿٢٩﴾

سُورَةُ الانفِطَارِ

SURAH AL-INFITAR

THE SHATTERING

(CHAPTER 82)

SURAH AL-MUTAFFIFIN

THE DEFRAUDERS

(CHAPTER 83)

بِسْمِ اللَّهِ الرَّحْمَٰنِ الرَّحِيمِ

إِذَا السَّمَاءُ انْفَطَرَتْ ﴿١﴾ وَإِذَا الْكَوَاكِبُ انْتَثَرَتْ ﴿٢﴾ وَإِذَا الْبِحَارُ فُجِّرَتْ ﴿٣﴾ وَإِذَا الْقُبُورُ بُعْثِرَتْ ﴿٤﴾ عَلِمَتْ نَفْسٌ مَا قَدَّمَتْ وَأَخَّرَتْ ﴿٥﴾ يَا أَيُّهَا الْإِنْسَانُ مَا غَرَّكَ بِرَبِّكَ الْكَرِيمِ ﴿٦﴾ الَّذِي خَلَقَكَ فَسَوَّاكَ فَعَدَلَكَ ﴿٧﴾ فِي أَيِّ صُورَةٍ مَا شَاءَ رَكَّبَكَ ﴿٨﴾ كَلَّا بَلْ تُكَذِّبُونَ بِالدِّينِ ﴿٩﴾ وَإِنَّ عَلَيْكُمْ لَحَافِظِينَ ﴿١٠﴾ كِرَامًا كَاتِبِينَ ﴿١١﴾ يَعْلَمُونَ مَا تَفْعَلُونَ ﴿١٢﴾ إِنَّ الْأَبْرَارَ لَفِي نَعِيمٍ ﴿١٣﴾ وَإِنَّ الْفُجَّارَ لَفِي جَحِيمٍ ﴿١٤﴾ يَصْلَوْنَهَا يَوْمَ الدِّينِ ﴿١٥﴾ وَمَا هُمْ عَنْهَا بِغَائِبِينَ ﴿١٦﴾ وَمَا أَدْرَاكَ مَا يَوْمُ الدِّينِ ﴿١٧﴾ ثُمَّ مَا أَدْرَاكَ مَا يَوْمُ الدِّينِ ﴿١٨﴾ يَوْمَ لَا تَمْلِكُ نَفْسٌ لِنَفْسٍ شَيْئًا وَالْأَمْرُ يَوْمَئِذٍ لِلَّهِ ﴿١٩﴾

سُورَةُ الْمُطَفِّفِينَ

بِسْمِ اللَّهِ الرَّحْمَٰنِ الرَّحِيمِ

وَيْلٌ لِلْمُطَفِّفِينَ ﴿١﴾ الَّذِينَ إِذَا اكْتَالُوا عَلَى النَّاسِ يَسْتَوْفُونَ ﴿٢﴾ وَإِذَا كَالُوهُمْ أَوْ وَزَنُوهُمْ يُخْسِرُونَ ﴿٣﴾ أَلَا يَظُنُّ أُولَٰئِكَ أَنَّهُمْ مَبْعُوثُونَ ﴿٤﴾ لِيَوْمٍ عَظِيمٍ ﴿٥﴾ يَوْمَ يَقُومُ النَّاسُ لِرَبِّ الْعَالَمِينَ ﴿٦﴾

SURAH CONTINUED

كَلَّآ إِنَّ كِتَٰبَ ٱلْفُجَّارِ لَفِى سِجِّينٍ ٧ وَمَآ أَدْرَىٰكَ مَا سِجِّينٌ ٨ كِتَٰبٌ
مَّرْقُومٌ ٩ وَيْلٌ يَوْمَئِذٍ لِّلْمُكَذِّبِينَ ١٠ ٱلَّذِينَ يُكَذِّبُونَ بِيَوْمِ ٱلدِّينِ ١١
وَمَا يُكَذِّبُ بِهِۦٓ إِلَّا كُلُّ مُعْتَدٍ أَثِيمٍ ١٢ إِذَا تُتْلَىٰ عَلَيْهِ ءَايَٰتُنَا قَالَ أَسَٰطِيرُ
ٱلْأَوَّلِينَ ١٣ كَلَّا ۖ بَلْ ۜ رَانَ عَلَىٰ قُلُوبِهِم مَّا كَانُوا۟ يَكْسِبُونَ ١٤ كَلَّآ إِنَّهُمْ
عَن رَّبِّهِمْ يَوْمَئِذٍ لَّمَحْجُوبُونَ ١٥ ثُمَّ إِنَّهُمْ لَصَالُوا۟ ٱلْجَحِيمِ ١٦ ثُمَّ يُقَالُ
هَٰذَا ٱلَّذِى كُنتُم بِهِۦ تُكَذِّبُونَ ١٧ كَلَّآ إِنَّ كِتَٰبَ ٱلْأَبْرَارِ لَفِى عِلِّيِّينَ
١٨ وَمَآ أَدْرَىٰكَ مَا عِلِّيُّونَ ١٩ كِتَٰبٌ مَّرْقُومٌ ٢٠ يَشْهَدُهُ ٱلْمُقَرَّبُونَ
٢١ إِنَّ ٱلْأَبْرَارَ لَفِى نَعِيمٍ ٢٢ عَلَى ٱلْأَرَآئِكِ يَنظُرُونَ ٢٣ تَعْرِفُ فِى
وُجُوهِهِمْ نَضْرَةَ ٱلنَّعِيمِ ٢٤ يُسْقَوْنَ مِن رَّحِيقٍ مَّخْتُومٍ ٢٥
خِتَٰمُهُۥ مِسْكٌ ۚ وَفِى ذَٰلِكَ فَلْيَتَنَافَسِ ٱلْمُتَنَٰفِسُونَ ٢٦ وَمِزَاجُهُۥ
مِن تَسْنِيمٍ ٢٧ عَيْنًا يَشْرَبُ بِهَا ٱلْمُقَرَّبُونَ ٢٨ إِنَّ ٱلَّذِينَ
أَجْرَمُوا۟ كَانُوا۟ مِنَ ٱلَّذِينَ ءَامَنُوا۟ يَضْحَكُونَ ٢٩ وَإِذَا مَرُّوا۟ بِهِمْ
يَتَغَامَزُونَ ٣٠ وَإِذَا ٱنقَلَبُوٓا۟ إِلَىٰٓ أَهْلِهِمُ ٱنقَلَبُوا۟ فَكِهِينَ ٣١
وَإِذَا رَأَوْهُمْ قَالُوٓا۟ إِنَّ هَٰٓؤُلَآءِ لَضَآلُّونَ ٣٢ وَمَآ أُرْسِلُوا۟ عَلَيْهِمْ
حَٰفِظِينَ ٣٣ فَٱلْيَوْمَ ٱلَّذِينَ ءَامَنُوا۟ مِنَ ٱلْكُفَّارِ يَضْحَكُونَ ٣٤

SURAH AL-INSHIQAQ

THE RUPTURE

(CHAPTER 84)

عَلَى ٱلْأَرَآئِكِ يَنظُرُونَ ٣٥ هَلْ ثُوِّبَ ٱلْكُفَّارُ مَا كَانُوا۟ يَفْعَلُونَ ٣٦

سُورَةُ الانشِقَاق

بِسْمِ ٱللَّهِ ٱلرَّحْمَٰنِ ٱلرَّحِيمِ

إِذَا ٱلسَّمَآءُ ٱنشَقَّتْ ١ وَأَذِنَتْ لِرَبِّهَا وَحُقَّتْ ٢ وَإِذَا ٱلْأَرْضُ مُدَّتْ
٣ وَأَلْقَتْ مَا فِيهَا وَتَخَلَّتْ ٤ وَأَذِنَتْ لِرَبِّهَا وَحُقَّتْ ٥ يَٰٓأَيُّهَا
ٱلْإِنسَٰنُ إِنَّكَ كَادِحٌ إِلَىٰ رَبِّكَ كَدْحًا فَمُلَٰقِيهِ ٦ فَأَمَّا مَنْ أُوتِىَ
كِتَٰبَهُۥ بِيَمِينِهِۦ ٧ فَسَوْفَ يُحَاسَبُ حِسَابًا يَسِيرًا ٨ وَيَنقَلِبُ
إِلَىٰٓ أَهْلِهِۦ مَسْرُورًا ٩ وَأَمَّا مَنْ أُوتِىَ كِتَٰبَهُۥ وَرَآءَ ظَهْرِهِۦ ١٠ فَسَوْفَ
يَدْعُوا۟ ثُبُورًا ١١ وَيَصْلَىٰ سَعِيرًا ١٢ إِنَّهُۥ كَانَ فِىٓ أَهْلِهِۦ مَسْرُورًا ١٣
إِنَّهُۥ ظَنَّ أَن لَّن يَحُورَ ١٤ بَلَىٰٓ إِنَّ رَبَّهُۥ كَانَ بِهِۦ بَصِيرًا ١٥ فَلَآ أُقْسِمُ
بِٱلشَّفَقِ ١٦ وَٱلَّيْلِ وَمَا وَسَقَ ١٧ وَٱلْقَمَرِ إِذَا ٱتَّسَقَ ١٨
لَتَرْكَبُنَّ طَبَقًا عَن طَبَقٍ ١٩ فَمَا لَهُمْ لَا يُؤْمِنُونَ ٢٠ وَإِذَا قُرِئَ
عَلَيْهِمُ ٱلْقُرْءَانُ لَا يَسْجُدُونَ ۩ ٢١ بَلِ ٱلَّذِينَ كَفَرُوا۟ يُكَذِّبُونَ
٢٢ وَٱللَّهُ أَعْلَمُ بِمَا يُوعُونَ ٢٣ فَبَشِّرْهُم بِعَذَابٍ أَلِيمٍ ٢٤
إِلَّا ٱلَّذِينَ ءَامَنُوا۟ وَعَمِلُوا۟ ٱلصَّٰلِحَٰتِ لَهُمْ أَجْرٌ غَيْرُ مَمْنُونٍ ٢٥

SURAH AL-BURUJ

THE CONSTELLATIONS

(CHAPTER 85)

سُورَةُ البُرُوجِ

بِسۡمِ ٱللَّهِ ٱلرَّحۡمَٰنِ ٱلرَّحِيمِ

وَٱلسَّمَآءِ ذَاتِ ٱلۡبُرُوجِ ﴿١﴾ وَٱلۡيَوۡمِ ٱلۡمَوۡعُودِ ﴿٢﴾ وَشَاهِدٖ وَمَشۡهُودٖ
﴿٣﴾ قُتِلَ أَصۡحَٰبُ ٱلۡأُخۡدُودِ ﴿٤﴾ ٱلنَّارِ ذَاتِ ٱلۡوَقُودِ ﴿٥﴾ إِذۡ هُمۡ عَلَيۡهَا
قُعُودٞ ﴿٦﴾ وَهُمۡ عَلَىٰ مَا يَفۡعَلُونَ بِٱلۡمُؤۡمِنِينَ شُهُودٞ ﴿٧﴾ وَمَا نَقَمُواْ
مِنۡهُمۡ إِلَّآ أَن يُؤۡمِنُواْ بِٱللَّهِ ٱلۡعَزِيزِ ٱلۡحَمِيدِ ﴿٨﴾ ٱلَّذِي لَهُۥ مُلۡكُ
ٱلسَّمَٰوَٰتِ وَٱلۡأَرۡضِۚ وَٱللَّهُ عَلَىٰ كُلِّ شَيۡءٖ شَهِيدٌ ﴿٩﴾ إِنَّ ٱلَّذِينَ
فَتَنُواْ ٱلۡمُؤۡمِنِينَ وَٱلۡمُؤۡمِنَٰتِ ثُمَّ لَمۡ يَتُوبُواْ فَلَهُمۡ عَذَابُ جَهَنَّمَ وَلَهُمۡ
عَذَابُ ٱلۡحَرِيقِ ﴿١٠﴾ إِنَّ ٱلَّذِينَ ءَامَنُواْ وَعَمِلُواْ ٱلصَّٰلِحَٰتِ لَهُمۡ
جَنَّٰتٞ تَجۡرِي مِن تَحۡتِهَا ٱلۡأَنۡهَٰرُۚ ذَٰلِكَ ٱلۡفَوۡزُ ٱلۡكَبِيرُ ﴿١١﴾ إِنَّ بَطۡشَ
رَبِّكَ لَشَدِيدٌ ﴿١٢﴾ إِنَّهُۥ هُوَ يُبۡدِئُ وَيُعِيدُ ﴿١٣﴾ وَهُوَ ٱلۡغَفُورُ ٱلۡوَدُودُ ﴿١٤﴾
ذُو ٱلۡعَرۡشِ ٱلۡمَجِيدُ ﴿١٥﴾ فَعَّالٞ لِّمَا يُرِيدُ ﴿١٦﴾ هَلۡ أَتَىٰكَ حَدِيثُ ٱلۡجُنُودِ
﴿١٧﴾ فِرۡعَوۡنَ وَثَمُودَ ﴿١٨﴾ بَلِ ٱلَّذِينَ كَفَرُواْ فِي تَكۡذِيبٖ ﴿١٩﴾ وَٱللَّهُ مِن
وَرَآئِهِم مُّحِيطُۢ ﴿٢٠﴾ بَلۡ هُوَ قُرۡءَانٞ مَّجِيدٞ ﴿٢١﴾ فِي لَوۡحٖ مَّحۡفُوظِۭ ﴿٢٢﴾

سُورَةُ الطَّارِقِ

SURAH AT-TARIQ

THE MORNING STAR

(CHAPTER 86)

SURAH AL-A'LA

THE MOST HIGH

(CHAPTER 87)

بِسۡمِ ٱللَّهِ ٱلرَّحۡمَٰنِ ٱلرَّحِيمِ

وَٱلسَّمَآءِ وَٱلطَّارِقِ ١ وَمَآ أَدۡرَىٰكَ مَا ٱلطَّارِقُ ٢ ٱلنَّجۡمُ ٱلثَّاقِبُ ٣ إِن كُلُّ
نَفۡسٖ لَّمَّا عَلَيۡهَا حَافِظٞ ٤ فَلۡيَنظُرِ ٱلۡإِنسَٰنُ مِمَّ خُلِقَ ٥ خُلِقَ مِن مَّآءٖ
دَافِقٖ ٦ يَخۡرُجُ مِنۢ بَيۡنِ ٱلصُّلۡبِ وَٱلتَّرَآئِبِ ٧ إِنَّهُۥ عَلَىٰ رَجۡعِهِۦ لَقَادِرٞ ٨
يَوۡمَ تُبۡلَى ٱلسَّرَآئِرُ ٩ فَمَا لَهُۥ مِن قُوَّةٖ وَلَا نَاصِرٖ ١٠ وَٱلسَّمَآءِ ذَاتِ ٱلرَّجۡعِ ١١
وَٱلۡأَرۡضِ ذَاتِ ٱلصَّدۡعِ ١٢ إِنَّهُۥ لَقَوۡلٞ فَصۡلٞ ١٣ وَمَا هُوَ بِٱلۡهَزۡلِ ١٤ إِنَّهُمۡ
يَكِيدُونَ كَيۡدٗا ١٥ وَأَكِيدُ كَيۡدٗا ١٦ فَمَهِّلِ ٱلۡكَٰفِرِينَ أَمۡهِلۡهُمۡ رُوَيۡدَۢا ١٧

سُورَةُ الأَعۡلَى

بِسۡمِ ٱللَّهِ ٱلرَّحۡمَٰنِ ٱلرَّحِيمِ

سَبِّحِ ٱسۡمَ رَبِّكَ ٱلۡأَعۡلَى ١ ٱلَّذِي خَلَقَ فَسَوَّىٰ ٢ وَٱلَّذِي قَدَّرَ فَهَدَىٰ
٣ وَٱلَّذِيٓ أَخۡرَجَ ٱلۡمَرۡعَىٰ ٤ فَجَعَلَهُۥ غُثَآءً أَحۡوَىٰ ٥ سَنُقۡرِئُكَ
فَلَا تَنسَىٰٓ ٦ إِلَّا مَا شَآءَ ٱللَّهُۚ إِنَّهُۥ يَعۡلَمُ ٱلۡجَهۡرَ وَمَا يَخۡفَىٰ ٧ وَنُيَسِّرُكَ
لِلۡيُسۡرَىٰ ٨ فَذَكِّرۡ إِن نَّفَعَتِ ٱلذِّكۡرَىٰ ٩ سَيَذَّكَّرُ مَن يَخۡشَىٰ ١٠
وَيَتَجَنَّبُهَا ٱلۡأَشۡقَى ١١ ٱلَّذِي يَصۡلَى ٱلنَّارَ ٱلۡكُبۡرَىٰ ١٢ ثُمَّ لَا يَمُوتُ
فِيهَا وَلَا يَحۡيَىٰ ١٣ قَدۡ أَفۡلَحَ مَن تَزَكَّىٰ ١٤ وَذَكَرَ ٱسۡمَ رَبِّهِۦ فَصَلَّىٰ ١٥

SURAH AL-GHASHIYAH

THE OVERWHELMING

(CHAPTER 88)

بَلْ تُؤْثِرُونَ ٱلْحَيَوٰةَ ٱلدُّنْيَا ﴿١٦﴾ وَٱلْءَاخِرَةُ خَيْرٌ وَأَبْقَىٰٓ ﴿١٧﴾ إِنَّ

هَٰذَا لَفِى ٱلصُّحُفِ ٱلْأُولَىٰ ﴿١٨﴾ صُحُفِ إِبْرَٰهِيمَ وَمُوسَىٰ ﴿١٩﴾

سُورَةُ الغَاشِيَةِ

بِسْمِ ٱللَّهِ ٱلرَّحْمَٰنِ ٱلرَّحِيمِ

هَلْ أَتَىٰكَ حَدِيثُ ٱلْغَٰشِيَةِ ﴿١﴾ وُجُوهٌ يَوْمَئِذٍ خَٰشِعَةٌ ﴿٢﴾

عَامِلَةٌ نَّاصِبَةٌ ﴿٣﴾ تَصْلَىٰ نَارًا حَامِيَةً ﴿٤﴾ تُسْقَىٰ مِنْ عَيْنٍ ءَانِيَةٍ ﴿٥﴾

لَّيْسَ لَهُمْ طَعَامٌ إِلَّا مِن ضَرِيعٍ ﴿٦﴾ لَّا يُسْمِنُ وَلَا يُغْنِى مِن جُوعٍ ﴿٧﴾

وُجُوهٌ يَوْمَئِذٍ نَّاعِمَةٌ ﴿٨﴾ لِّسَعْيِهَا رَاضِيَةٌ ﴿٩﴾ فِى جَنَّةٍ عَالِيَةٍ ﴿١٠﴾

لَّا تَسْمَعُ فِيهَا لَٰغِيَةً ﴿١١﴾ فِيهَا عَيْنٌ جَارِيَةٌ ﴿١٢﴾ فِيهَا سُرُرٌ مَّرْفُوعَةٌ ﴿١٣﴾

وَأَكْوَابٌ مَّوْضُوعَةٌ ﴿١٤﴾ وَنَمَارِقُ مَصْفُوفَةٌ ﴿١٥﴾ وَزَرَابِىُّ مَبْثُوثَةٌ ﴿١٦﴾

أَفَلَا يَنظُرُونَ إِلَى ٱلْإِبِلِ كَيْفَ خُلِقَتْ ﴿١٧﴾ وَإِلَى ٱلسَّمَآءِ كَيْفَ

رُفِعَتْ ﴿١٨﴾ وَإِلَى ٱلْجِبَالِ كَيْفَ نُصِبَتْ ﴿١٩﴾ وَإِلَى ٱلْأَرْضِ كَيْفَ

سُطِحَتْ ﴿٢٠﴾ فَذَكِّرْ إِنَّمَآ أَنتَ مُذَكِّرٌ ﴿٢١﴾ لَّسْتَ عَلَيْهِم

بِمُصَيْطِرٍ ﴿٢٢﴾ إِلَّا مَن تَوَلَّىٰ وَكَفَرَ ﴿٢٣﴾ فَيُعَذِّبُهُ ٱللَّهُ ٱلْعَذَابَ

ٱلْأَكْبَرَ ﴿٢٤﴾ إِنَّ إِلَيْنَآ إِيَابَهُمْ ﴿٢٥﴾ ثُمَّ إِنَّ عَلَيْنَا حِسَابَهُم ﴿٢٦﴾

SURAH AL-FAJR

THE DAWN

(CHAPTER 89)

سُورَةُ الْفَجْرِ

بِسْمِ اللَّهِ الرَّحْمَٰنِ الرَّحِيمِ

وَالْفَجْرِ ﴿١﴾ وَلَيَالٍ عَشْرٍ ﴿٢﴾ وَالشَّفْعِ وَالْوَتْرِ ﴿٣﴾ وَاللَّيْلِ إِذَا يَسْرِ ﴿٤﴾ هَلْ فِي ذَٰلِكَ قَسَمٌ لِّذِي حِجْرٍ ﴿٥﴾ أَلَمْ تَرَ كَيْفَ فَعَلَ رَبُّكَ بِعَادٍ ﴿٦﴾ إِرَمَ ذَاتِ الْعِمَادِ ﴿٧﴾ الَّتِي لَمْ يُخْلَقْ مِثْلُهَا فِي الْبِلَادِ ﴿٨﴾ وَثَمُودَ الَّذِينَ جَابُوا الصَّخْرَ بِالْوَادِ ﴿٩﴾ وَفِرْعَوْنَ ذِي الْأَوْتَادِ ﴿١٠﴾ الَّذِينَ طَغَوْا فِي الْبِلَادِ ﴿١١﴾ فَأَكْثَرُوا فِيهَا الْفَسَادَ ﴿١٢﴾ فَصَبَّ عَلَيْهِمْ رَبُّكَ سَوْطَ عَذَابٍ ﴿١٣﴾ إِنَّ رَبَّكَ لَبِالْمِرْصَادِ ﴿١٤﴾ فَأَمَّا الْإِنسَانُ إِذَا مَا ابْتَلَاهُ رَبُّهُ فَأَكْرَمَهُ وَنَعَّمَهُ فَيَقُولُ رَبِّي أَكْرَمَنِ ﴿١٥﴾ وَأَمَّا إِذَا مَا ابْتَلَاهُ فَقَدَرَ عَلَيْهِ رِزْقَهُ فَيَقُولُ رَبِّي أَهَانَنِ ﴿١٦﴾ كَلَّا ۖ بَل لَّا تُكْرِمُونَ الْيَتِيمَ ﴿١٧﴾ وَلَا تَحَاضُّونَ عَلَىٰ طَعَامِ الْمِسْكِينِ ﴿١٨﴾ وَتَأْكُلُونَ التُّرَاثَ أَكْلًا لَّمًّا ﴿١٩﴾ وَتُحِبُّونَ الْمَالَ حُبًّا جَمًّا ﴿٢٠﴾ كَلَّا إِذَا دُكَّتِ الْأَرْضُ دَكًّا دَكًّا ﴿٢١﴾ وَجَاءَ رَبُّكَ وَالْمَلَكُ صَفًّا صَفًّا ﴿٢٢﴾ وَجِيءَ يَوْمَئِذٍ بِجَهَنَّمَ ۚ يَوْمَئِذٍ يَتَذَكَّرُ الْإِنسَانُ وَأَنَّىٰ لَهُ الذِّكْرَىٰ ﴿٢٣﴾

SURAH AL-BALAD

THE LAND

(CHAPTER 90)

يَقُولُ يَٰلَيۡتَنِي قَدَّمۡتُ لِحَيَاتِي ﴿٢٤﴾ فَيَوۡمَئِذٖ لَّا يُعَذِّبُ عَذَابَهُۥٓ أَحَدٞ ﴿٢٥﴾
وَلَا يُوثِقُ وَثَاقَهُۥٓ أَحَدٞ ﴿٢٦﴾ يَٰٓأَيَّتُهَا ٱلنَّفۡسُ ٱلۡمُطۡمَئِنَّةُ ﴿٢٧﴾ ٱرۡجِعِيٓ
إِلَىٰ رَبِّكِ رَاضِيَةٗ مَّرۡضِيَّةٗ ﴿٢٨﴾ فَٱدۡخُلِي فِي عِبَٰدِي ﴿٢٩﴾ وَٱدۡخُلِي جَنَّتِي ﴿٣٠﴾

سُورَةُ البَلَدِ

بِسۡمِ ٱللَّهِ ٱلرَّحۡمَٰنِ ٱلرَّحِيمِ

لَآ أُقۡسِمُ بِهَٰذَا ٱلۡبَلَدِ ﴿١﴾ وَأَنتَ حِلُّۢ بِهَٰذَا ٱلۡبَلَدِ ﴿٢﴾ وَوَالِدٖ وَمَا وَلَدَ
﴿٣﴾ لَقَدۡ خَلَقۡنَا ٱلۡإِنسَٰنَ فِي كَبَدٍ ﴿٤﴾ أَيَحۡسَبُ أَن لَّن يَقۡدِرَ عَلَيۡهِ
أَحَدٞ ﴿٥﴾ يَقُولُ أَهۡلَكۡتُ مَالٗا لُّبَدًا ﴿٦﴾ أَيَحۡسَبُ أَن لَّمۡ يَرَهُۥٓ أَحَدٌ
﴿٧﴾ أَلَمۡ نَجۡعَل لَّهُۥ عَيۡنَيۡنِ ﴿٨﴾ وَلِسَانٗا وَشَفَتَيۡنِ ﴿٩﴾ وَهَدَيۡنَٰهُ
ٱلنَّجۡدَيۡنِ ﴿١٠﴾ فَلَا ٱقۡتَحَمَ ٱلۡعَقَبَةَ ﴿١١﴾ وَمَآ أَدۡرَىٰكَ مَا ٱلۡعَقَبَةُ ﴿١٢﴾
فَكُّ رَقَبَةٍ ﴿١٣﴾ أَوۡ إِطۡعَٰمٞ فِي يَوۡمٖ ذِي مَسۡغَبَةٖ ﴿١٤﴾ يَتِيمٗا ذَا مَقۡرَبَةٍ
﴿١٥﴾ أَوۡ مِسۡكِينٗا ذَا مَتۡرَبَةٖ ﴿١٦﴾ ثُمَّ كَانَ مِنَ ٱلَّذِينَ ءَامَنُواْ وَتَوَاصَوۡاْ
بِٱلصَّبۡرِ وَتَوَاصَوۡاْ بِٱلۡمَرۡحَمَةِ ﴿١٧﴾ أُوْلَٰٓئِكَ أَصۡحَٰبُ ٱلۡمَيۡمَنَةِ ﴿١٨﴾ وَٱلَّذِينَ
كَفَرُواْ بِـَٔايَٰتِنَا هُمۡ أَصۡحَٰبُ ٱلۡمَشۡـَٔمَةِ ﴿١٩﴾ عَلَيۡهِمۡ نَارٞ مُّؤۡصَدَةُۢ ﴿٢٠﴾

سُورَةُ الشَّمۡسِ

SURAH ASH-SHAMS

THE SUN

(CHAPTER 91)

SURAH AL-LAYL

THE NIGHT

(CHAPTER 92)

بِسۡمِ ٱللَّهِ ٱلرَّحۡمَٰنِ ٱلرَّحِيمِ

وَٱلشَّمۡسِ وَضُحَىٰهَا ١ وَٱلۡقَمَرِ إِذَا تَلَىٰهَا ٢ وَٱلنَّهَارِ إِذَا جَلَّىٰهَا ٣
وَٱلَّيۡلِ إِذَا يَغۡشَىٰهَا ٤ وَٱلسَّمَآءِ وَمَا بَنَىٰهَا ٥ وَٱلۡأَرۡضِ وَمَا طَحَىٰهَا
٦ وَنَفۡسٖ وَمَا سَوَّىٰهَا ٧ فَأَلۡهَمَهَا فُجُورَهَا وَتَقۡوَىٰهَا ٨ قَدۡ
أَفۡلَحَ مَن زَكَّىٰهَا ٩ وَقَدۡ خَابَ مَن دَسَّىٰهَا ١٠ كَذَّبَتۡ ثَمُودُ
بِطَغۡوَىٰهَآ ١١ إِذِ ٱنۢبَعَثَ أَشۡقَىٰهَا ١٢ فَقَالَ لَهُمۡ رَسُولُ ٱللَّهِ
نَاقَةَ ٱللَّهِ وَسُقۡيَٰهَا ١٣ فَكَذَّبُوهُ فَعَقَرُوهَا فَدَمۡدَمَ
عَلَيۡهِمۡ رَبُّهُم بِذَنۢبِهِمۡ فَسَوَّىٰهَا ١٤ وَلَا يَخَافُ عُقۡبَٰهَا ١٥

سُورَةُ اللَّيۡلِ

بِسۡمِ ٱللَّهِ ٱلرَّحۡمَٰنِ ٱلرَّحِيمِ

وَٱلَّيۡلِ إِذَا يَغۡشَىٰ ١ وَٱلنَّهَارِ إِذَا تَجَلَّىٰ ٢ وَمَا خَلَقَ ٱلذَّكَرَ وَٱلۡأُنثَىٰٓ ٣
إِنَّ سَعۡيَكُمۡ لَشَتَّىٰ ٤ فَأَمَّا مَنۡ أَعۡطَىٰ وَٱتَّقَىٰ ٥ وَصَدَّقَ بِٱلۡحُسۡنَىٰ ٦
فَسَنُيَسِّرُهُۥ لِلۡيُسۡرَىٰ ٧ وَأَمَّا مَنۢ بَخِلَ وَٱسۡتَغۡنَىٰ ٨ وَكَذَّبَ بِٱلۡحُسۡنَىٰ
٩ فَسَنُيَسِّرُهُۥ لِلۡعُسۡرَىٰ ١٠ وَمَا يُغۡنِي عَنۡهُ مَالُهُۥٓ إِذَا تَرَدَّىٰٓ ١١ إِنَّ عَلَيۡنَا
لَلۡهُدَىٰ ١٢ وَإِنَّ لَنَا لَلۡأٓخِرَةَ وَٱلۡأُولَىٰ ١٣ فَأَنذَرۡتُكُمۡ نَارٗا تَلَظَّىٰ ١٤

SURAH AD-DUHA

THE MORNING LIGHT

(CHAPTER 93)

SURAH ASH-SHARH

THE SOOTHING

(CHAPTER 94)

لَا يَصْلَىٰهَآ إِلَّا ٱلْأَشْقَى ﴿١٥﴾ ٱلَّذِى كَذَّبَ وَتَوَلَّىٰ ﴿١٦﴾ وَسَيُجَنَّبُهَا
ٱلْأَتْقَى ﴿١٧﴾ ٱلَّذِى يُؤْتِى مَالَهُۥ يَتَزَكَّىٰ ﴿١٨﴾ وَمَا لِأَحَدٍ عِندَهُۥ مِن
نِّعْمَةٍ تُجْزَىٰٓ ﴿١٩﴾ إِلَّا ٱبْتِغَآءَ وَجْهِ رَبِّهِ ٱلْأَعْلَىٰ ﴿٢٠﴾ وَلَسَوْفَ يَرْضَىٰ ﴿٢١﴾

سُورَةُ الضُّحَىٰ

بِسْمِ ٱللَّهِ ٱلرَّحْمَٰنِ ٱلرَّحِيمِ

وَٱلضُّحَىٰ ﴿١﴾ وَٱلَّيْلِ إِذَا سَجَىٰ ﴿٢﴾ مَا وَدَّعَكَ رَبُّكَ وَمَا قَلَىٰ ﴿٣﴾
وَلَلْءَاخِرَةُ خَيْرٌ لَّكَ مِنَ ٱلْأُولَىٰ ﴿٤﴾ وَلَسَوْفَ يُعْطِيكَ رَبُّكَ
فَتَرْضَىٰٓ ﴿٥﴾ أَلَمْ يَجِدْكَ يَتِيمًا فَـَٔاوَىٰ ﴿٦﴾ وَوَجَدَكَ ضَآلًّا
فَهَدَىٰ ﴿٧﴾ وَوَجَدَكَ عَآئِلًا فَأَغْنَىٰ ﴿٨﴾ فَأَمَّا ٱلْيَتِيمَ فَلَا تَقْهَرْ
﴿٩﴾ وَأَمَّا ٱلسَّآئِلَ فَلَا تَنْهَرْ ﴿١٠﴾ وَأَمَّا بِنِعْمَةِ رَبِّكَ فَحَدِّثْ ﴿١١﴾

سُورَةُ الشَّرْحِ

بِسْمِ ٱللَّهِ ٱلرَّحْمَٰنِ ٱلرَّحِيمِ

أَلَمْ نَشْرَحْ لَكَ صَدْرَكَ ﴿١﴾ وَوَضَعْنَا عَنكَ وِزْرَكَ ﴿٢﴾ ٱلَّذِىٓ
أَنقَضَ ظَهْرَكَ ﴿٣﴾ وَرَفَعْنَا لَكَ ذِكْرَكَ ﴿٤﴾ فَإِنَّ مَعَ ٱلْعُسْرِ يُسْرًا ﴿٥﴾ إِنَّ
مَعَ ٱلْعُسْرِ يُسْرًا ﴿٦﴾ فَإِذَا فَرَغْتَ فَٱنصَبْ ﴿٧﴾ وَإِلَىٰ رَبِّكَ فَٱرْغَب ﴿٨﴾

SURAH AT-TIN

THE FIG

(CHAPTER 95)

SURAH AL-'ALAQ

THE CLOT

(CHAPTER 96)

سُورَةُ التِّينِ

بِسْمِ اللَّهِ الرَّحْمَٰنِ الرَّحِيمِ

وَالتِّينِ وَالزَّيْتُونِ ﴿١﴾ وَطُورِ سِينِينَ ﴿٢﴾ وَهَٰذَا الْبَلَدِ الْأَمِينِ ﴿٣﴾
لَقَدْ خَلَقْنَا الْإِنسَانَ فِي أَحْسَنِ تَقْوِيمٍ ﴿٤﴾ ثُمَّ رَدَدْنَاهُ أَسْفَلَ سَافِلِينَ
﴿٥﴾ إِلَّا الَّذِينَ آمَنُوا وَعَمِلُوا الصَّالِحَاتِ فَلَهُمْ أَجْرٌ غَيْرُ مَمْنُونٍ ﴿٦﴾
فَمَا يُكَذِّبُكَ بَعْدُ بِالدِّينِ ﴿٧﴾ أَلَيْسَ اللَّهُ بِأَحْكَمِ الْحَاكِمِينَ ﴿٨﴾

سُورَةُ الْعَلَقِ

بِسْمِ اللَّهِ الرَّحْمَٰنِ الرَّحِيمِ

اقْرَأْ بِاسْمِ رَبِّكَ الَّذِي خَلَقَ ﴿١﴾ خَلَقَ الْإِنسَانَ مِنْ عَلَقٍ ﴿٢﴾ اقْرَأْ وَرَبُّكَ
الْأَكْرَمُ ﴿٣﴾ الَّذِي عَلَّمَ بِالْقَلَمِ ﴿٤﴾ عَلَّمَ الْإِنسَانَ مَا لَمْ يَعْلَمْ ﴿٥﴾ كَلَّا إِنَّ
الْإِنسَانَ لَيَطْغَىٰ ﴿٦﴾ أَن رَّآهُ اسْتَغْنَىٰ ﴿٧﴾ إِنَّ إِلَىٰ رَبِّكَ الرُّجْعَىٰ ﴿٨﴾ أَرَأَيْتَ
الَّذِي يَنْهَىٰ ﴿٩﴾ عَبْدًا إِذَا صَلَّىٰ ﴿١٠﴾ أَرَأَيْتَ إِن كَانَ عَلَى الْهُدَىٰ ﴿١١﴾ أَوْ أَمَرَ
بِالتَّقْوَىٰ ﴿١٢﴾ أَرَأَيْتَ إِن كَذَّبَ وَتَوَلَّىٰ ﴿١٣﴾ أَلَمْ يَعْلَم بِأَنَّ اللَّهَ يَرَىٰ ﴿١٤﴾ كَلَّا لَئِن
لَّمْ يَنتَهِ لَنَسْفَعًا بِالنَّاصِيَةِ ﴿١٥﴾ نَاصِيَةٍ كَاذِبَةٍ خَاطِئَةٍ ﴿١٦﴾ فَلْيَدْعُ نَادِيَهُ
﴿١٧﴾ سَنَدْعُ الزَّبَانِيَةَ ﴿١٨﴾ كَلَّا لَا تُطِعْهُ وَاسْجُدْ وَاقْتَرِب ۩ ﴿١٩﴾

SURAH AL-QADR

THE DECREE

(CHAPTER 97)

SURAH AL-BAYYINAH

THE CLEAR EVIDENCE

(CHAPTER 98)

سُورَةُ القَدْرِ

بِسْمِ ٱللَّهِ ٱلرَّحْمَٰنِ ٱلرَّحِيمِ

إِنَّآ أَنزَلْنَٰهُ فِى لَيْلَةِ ٱلْقَدْرِ ﴿١﴾ وَمَآ أَدْرَىٰكَ مَا لَيْلَةُ ٱلْقَدْرِ ﴿٢﴾
لَيْلَةُ ٱلْقَدْرِ خَيْرٌ مِّنْ أَلْفِ شَهْرٍ ﴿٣﴾ تَنَزَّلُ ٱلْمَلَٰٓئِكَةُ وَٱلرُّوحُ
فِيهَا بِإِذْنِ رَبِّهِم مِّن كُلِّ أَمْرٍ ﴿٤﴾ سَلَٰمٌ هِىَ حَتَّىٰ مَطْلَعِ ٱلْفَجْرِ ﴿٥﴾

سُورَةُ البَيِّنَةِ

بِسْمِ ٱللَّهِ ٱلرَّحْمَٰنِ ٱلرَّحِيمِ

لَمْ يَكُنِ ٱلَّذِينَ كَفَرُوا۟ مِنْ أَهْلِ ٱلْكِتَٰبِ وَٱلْمُشْرِكِينَ مُنفَكِّينَ
حَتَّىٰ تَأْتِيَهُمُ ٱلْبَيِّنَةُ ﴿١﴾ رَسُولٌ مِّنَ ٱللَّهِ يَتْلُوا۟ صُحُفًا مُّطَهَّرَةً ﴿٢﴾
فِيهَا كُتُبٌ قَيِّمَةٌ ﴿٣﴾ وَمَا تَفَرَّقَ ٱلَّذِينَ أُوتُوا۟ ٱلْكِتَٰبَ إِلَّا مِنۢ
بَعْدِ مَا جَآءَتْهُمُ ٱلْبَيِّنَةُ ﴿٤﴾ وَمَآ أُمِرُوٓا۟ إِلَّا لِيَعْبُدُوا۟ ٱللَّهَ مُخْلِصِينَ
لَهُ ٱلدِّينَ حُنَفَآءَ وَيُقِيمُوا۟ ٱلصَّلَوٰةَ وَيُؤْتُوا۟ ٱلزَّكَوٰةَ ۚ وَذَٰلِكَ دِينُ
ٱلْقَيِّمَةِ ﴿٥﴾ إِنَّ ٱلَّذِينَ كَفَرُوا۟ مِنْ أَهْلِ ٱلْكِتَٰبِ وَٱلْمُشْرِكِينَ
فِى نَارِ جَهَنَّمَ خَٰلِدِينَ فِيهَآ ۚ أُو۟لَٰٓئِكَ هُمْ شَرُّ ٱلْبَرِيَّةِ ﴿٦﴾ إِنَّ
ٱلَّذِينَ ءَامَنُوا۟ وَعَمِلُوا۟ ٱلصَّٰلِحَٰتِ أُو۟لَٰٓئِكَ هُمْ خَيْرُ ٱلْبَرِيَّةِ ﴿٧﴾

SURAH AZ-ZALZALAH

THE EARTHQUAKE

(CHAPTER 99)

SURAH AL-'ADIYAT

THE RACERS

(CHAPTER 100)

جَزَآؤُهُمۡ عِندَ رَبِّهِمۡ جَنَّٰتُ عَدۡنٖ تَجۡرِي مِن تَحۡتِهَا ٱلۡأَنۡهَٰرُ خَٰلِدِينَ
فِيهَآ أَبَدٗاۖ رَّضِيَ ٱللَّهُ عَنۡهُمۡ وَرَضُواْ عَنۡهُۚ ذَٰلِكَ لِمَنۡ خَشِيَ رَبَّهُۥ ٨

سُورَةُ الزَّلْزَلَةِ

بِسۡمِ ٱللَّهِ ٱلرَّحۡمَٰنِ ٱلرَّحِيمِ

إِذَا زُلۡزِلَتِ ٱلۡأَرۡضُ زِلۡزَالَهَا ١ وَأَخۡرَجَتِ ٱلۡأَرۡضُ أَثۡقَالَهَا
٢ وَقَالَ ٱلۡإِنسَٰنُ مَا لَهَا ٣ يَوۡمَئِذٖ تُحَدِّثُ أَخۡبَارَهَا ٤
بِأَنَّ رَبَّكَ أَوۡحَىٰ لَهَا ٥ يَوۡمَئِذٖ يَصۡدُرُ ٱلنَّاسُ أَشۡتَاتٗا
لِّيُرَوۡاْ أَعۡمَٰلَهُمۡ ٦ فَمَن يَعۡمَلۡ مِثۡقَالَ ذَرَّةٍ خَيۡرٗا
يَرَهُۥ ٧ وَمَن يَعۡمَلۡ مِثۡقَالَ ذَرَّةٖ شَرّٗا يَرَهُۥ ٨

سُورَةُ العَادِيَاتِ

بِسۡمِ ٱللَّهِ ٱلرَّحۡمَٰنِ ٱلرَّحِيمِ

وَٱلۡعَٰدِيَٰتِ ضَبۡحٗا ١ فَٱلۡمُورِيَٰتِ قَدۡحٗا ٢ فَٱلۡمُغِيرَٰتِ صُبۡحٗا
٣ فَأَثَرۡنَ بِهِۦ نَقۡعٗا ٤ فَوَسَطۡنَ بِهِۦ جَمۡعًا ٥ إِنَّ ٱلۡإِنسَٰنَ
لِرَبِّهِۦ لَكَنُودٞ ٦ وَإِنَّهُۥ عَلَىٰ ذَٰلِكَ لَشَهِيدٞ ٧ وَإِنَّهُۥ لِحُبِّ
ٱلۡخَيۡرِ لَشَدِيدٌ ٨ ۞ أَفَلَا يَعۡلَمُ إِذَا بُعۡثِرَ مَا فِي ٱلۡقُبُورِ ٩

SURAH AL-QARI'AH

THE SHOCKER

(CHAPTER 101)

SURAH AT-TAKATHUR

THE RIVALRY IN WORLDLY INCREASE

(CHAPTER 102)

وَحُصِّلَ مَا فِي ٱلصُّدُورِ ﴿١٠﴾ إِنَّ رَبَّهُم بِهِمْ يَوْمَئِذٍ لَّخَبِيرٌ ﴿١١﴾

سُورَةُ القَارِعَةِ

بِسْمِ اللَّهِ الرَّحْمَٰنِ الرَّحِيمِ

ٱلْقَارِعَةُ ﴿١﴾ مَا ٱلْقَارِعَةُ ﴿٢﴾ وَمَآ أَدْرَىٰكَ مَا ٱلْقَارِعَةُ
﴿٣﴾ يَوْمَ يَكُونُ ٱلنَّاسُ كَٱلْفَرَاشِ ٱلْمَبْثُوثِ ﴿٤﴾
وَتَكُونُ ٱلْجِبَالُ كَٱلْعِهْنِ ٱلْمَنفُوشِ ﴿٥﴾ فَأَمَّا
مَن ثَقُلَتْ مَوَٰزِينُهُۥ ﴿٦﴾ فَهُوَ فِي عِيشَةٍ رَّاضِيَةٍ
﴿٧﴾ وَأَمَّا مَنْ خَفَّتْ مَوَٰزِينُهُۥ ﴿٨﴾ فَأُمُّهُۥ هَاوِيَةٌ
﴿٩﴾ وَمَآ أَدْرَىٰكَ مَا هِيَهْ ﴿١٠﴾ نَارٌ حَامِيَةٌۢ ﴿١١﴾

سُورَةُ التَّكَاثُرِ

بِسْمِ اللَّهِ الرَّحْمَٰنِ الرَّحِيمِ

أَلْهَىٰكُمُ ٱلتَّكَاثُرُ ﴿١﴾ حَتَّىٰ زُرْتُمُ ٱلْمَقَابِرَ ﴿٢﴾ كَلَّا سَوْفَ
تَعْلَمُونَ ﴿٣﴾ ثُمَّ كَلَّا سَوْفَ تَعْلَمُونَ ﴿٤﴾ كَلَّا لَوْ تَعْلَمُونَ
عِلْمَ ٱلْيَقِينِ ﴿٥﴾ لَتَرَوُنَّ ٱلْجَحِيمَ ﴿٦﴾ ثُمَّ لَتَرَوُنَّهَا
عَيْنَ ٱلْيَقِينِ ﴿٧﴾ ثُمَّ لَتُسْـَٔلُنَّ يَوْمَئِذٍ عَنِ ٱلنَّعِيمِ ﴿٨﴾

SURAH AL-'ASR

TIME

(CHAPTER 103)

SURAH AL-HUMAZAH

THE BACKBITER

(CHAPTER 104)

SURAH AL-FIL

THE ELEPHANT

(CHAPTER 105)

سُورَةُ الْعَصْرِ

بِسْمِ اللهِ الرَّحْمَٰنِ الرَّحِيمِ

وَالْعَصْرِ ﴿١﴾ إِنَّ الْإِنسَٰنَ لَفِى خُسْرٍ ﴿٢﴾ إِلَّا الَّذِينَ ءَامَنُوا وَعَمِلُوا الصَّٰلِحَٰتِ وَتَوَاصَوْا بِالْحَقِّ وَتَوَاصَوْا بِالصَّبْرِ ﴿٣﴾

سُورَةُ الْهُمَزَةِ

بِسْمِ اللهِ الرَّحْمَٰنِ الرَّحِيمِ

وَيْلٌ لِّكُلِّ هُمَزَةٍ لُّمَزَةٍ ﴿١﴾ الَّذِى جَمَعَ مَالًا وَعَدَّدَهُ ﴿٢﴾ يَحْسَبُ أَنَّ مَالَهُ أَخْلَدَهُ ﴿٣﴾ كَلَّا لَيُنبَذَنَّ فِى الْحُطَمَةِ ﴿٤﴾ وَمَا أَدْرَىٰكَ مَا الْحُطَمَةُ ﴿٥﴾ نَارُ اللهِ الْمُوقَدَةُ ﴿٦﴾ الَّتِى تَطَّلِعُ عَلَى الْأَفْئِدَةِ ﴿٧﴾ إِنَّهَا عَلَيْهِم مُّؤْصَدَةٌ ﴿٨﴾ فِى عَمَدٍ مُّمَدَّدَةٍ ﴿٩﴾

سُورَةُ الْفِيلِ

بِسْمِ اللهِ الرَّحْمَٰنِ الرَّحِيمِ

أَلَمْ تَرَ كَيْفَ فَعَلَ رَبُّكَ بِأَصْحَٰبِ الْفِيلِ ﴿١﴾ أَلَمْ يَجْعَلْ كَيْدَهُمْ فِى تَضْلِيلٍ ﴿٢﴾ وَأَرْسَلَ عَلَيْهِمْ طَيْرًا أَبَابِيلَ ﴿٣﴾ تَرْمِيهِم بِحِجَارَةٍ مِّن سِجِّيلٍ ﴿٤﴾ فَجَعَلَهُمْ كَعَصْفٍ مَّأْكُولٍ ﴿٥﴾

SURAH QURAISH

QURAISH

(CHAPTER 106)

SURAH AL-MA'UN

ACT OF KINDNESS

(CHAPTER 107)

SURAH AL-KAWTHAR

ABUNDANCE

(CHAPTER 108)

سُورَةُ قُرَيْشٍ

بِسْمِ ٱللَّهِ ٱلرَّحْمَٰنِ ٱلرَّحِيمِ

لِإِيلَٰفِ قُرَيْشٍ ﴿١﴾ إِۦلَٰفِهِمْ رِحْلَةَ ٱلشِّتَآءِ وَٱلصَّيْفِ
﴿٢﴾ فَلْيَعْبُدُوا۟ رَبَّ هَٰذَا ٱلْبَيْتِ ﴿٣﴾ ٱلَّذِىٓ أَطْعَمَهُم
مِّن جُوعٍ وَءَامَنَهُم مِّنْ خَوْفٍۭ ﴿٤﴾

سُورَةُ المَاعُونِ

بِسْمِ ٱللَّهِ ٱلرَّحْمَٰنِ ٱلرَّحِيمِ

أَرَءَيْتَ ٱلَّذِى يُكَذِّبُ بِٱلدِّينِ ﴿١﴾ فَذَٰلِكَ ٱلَّذِى
يَدُعُّ ٱلْيَتِيمَ ﴿٢﴾ وَلَا يَحُضُّ عَلَىٰ طَعَامِ ٱلْمِسْكِينِ ﴿٣﴾
فَوَيْلٌ لِّلْمُصَلِّينَ ﴿٤﴾ ٱلَّذِينَ هُمْ عَن صَلَاتِهِمْ سَاهُونَ
﴿٥﴾ ٱلَّذِينَ هُمْ يُرَآءُونَ ﴿٦﴾ وَيَمْنَعُونَ ٱلْمَاعُونَ ﴿٧﴾

سُورَةُ الكَوْثَرِ

بِسْمِ ٱللَّهِ ٱلرَّحْمَٰنِ ٱلرَّحِيمِ

إِنَّآ أَعْطَيْنَٰكَ ٱلْكَوْثَرَ ﴿١﴾ فَصَلِّ لِرَبِّكَ وَٱنْحَرْ ﴿٢﴾
إِنَّ شَانِئَكَ هُوَ ٱلْأَبْتَرُ ﴿٣﴾

SURAH AL-KAFIRUN

THE DISBELIEVERS

(CHAPTER 109)

SURAH AN-NASR

DIVINE SUPPORT

(CHAPTER 110)

SURAH AL-MASAD

THE FLAME

(CHAPTER 111)

سُورَةُ الكَافِرُون

بِسۡمِ ٱللَّهِ ٱلرَّحۡمَٰنِ ٱلرَّحِيمِ

قُلۡ يَٰٓأَيُّهَا ٱلۡكَٰفِرُونَ ١ لَآ أَعۡبُدُ مَا تَعۡبُدُونَ ٢
وَلَآ أَنتُمۡ عَٰبِدُونَ مَآ أَعۡبُدُ ٣ وَلَآ أَنَا۠ عَابِدٞ مَّا عَبَدتُّمۡ ٤
وَلَآ أَنتُمۡ عَٰبِدُونَ مَآ أَعۡبُدُ ٥ لَكُمۡ دِينُكُمۡ وَلِيَ دِينِ ٦

سُورَةُ النَّصۡر

بِسۡمِ ٱللَّهِ ٱلرَّحۡمَٰنِ ٱلرَّحِيمِ

إِذَا جَآءَ نَصۡرُ ٱللَّهِ وَٱلۡفَتۡحُ ١ وَرَأَيۡتَ ٱلنَّاسَ
يَدۡخُلُونَ فِي دِينِ ٱللَّهِ أَفۡوَاجٗا ٢ فَسَبِّحۡ بِحَمۡدِ رَبِّكَ
وَٱسۡتَغۡفِرۡهُۚ إِنَّهُۥ كَانَ تَوَّابَۢا ٣

سُورَةُ المَسَد

بِسۡمِ ٱللَّهِ ٱلرَّحۡمَٰنِ ٱلرَّحِيمِ

تَبَّتۡ يَدَآ أَبِي لَهَبٖ وَتَبَّ ١ مَآ أَغۡنَىٰ عَنۡهُ مَالُهُۥ وَمَا
كَسَبَ ٢ سَيَصۡلَىٰ نَارٗا ذَاتَ لَهَبٖ ٣ وَٱمۡرَأَتُهُۥ
حَمَّالَةَ ٱلۡحَطَبِ ٤ فِي جِيدِهَا حَبۡلٞ مِّن مَّسَدِۭ ٥

SURAH AL-IKHLAS

SINCERITY

(CHAPTER 112)

SURAH AL-FALAQ

THE DAWN

(CHAPTER 113)

SURAH AN-NAS

MANKIND

(CHAPTER 114)

سُورَةُ الإخلَاصِ

بِسۡمِ ٱللَّهِ ٱلرَّحۡمَٰنِ ٱلرَّحِيمِ

قُلۡ هُوَ ٱللَّهُ أَحَدٌ ﴿١﴾ ٱللَّهُ ٱلصَّمَدُ ﴿٢﴾ لَمۡ يَلِدۡ
وَلَمۡ يُولَدۡ ﴿٣﴾ وَلَمۡ يَكُن لَّهُۥ كُفُوًا أَحَدُۢ ﴿٤﴾

سُورَةُ الفَلَقِ

بِسۡمِ ٱللَّهِ ٱلرَّحۡمَٰنِ ٱلرَّحِيمِ

قُلۡ أَعُوذُ بِرَبِّ ٱلۡفَلَقِ ﴿١﴾ مِن شَرِّ مَا خَلَقَ ﴿٢﴾ وَمِن
شَرِّ غَاسِقٍ إِذَا وَقَبَ ﴿٣﴾ وَمِن شَرِّ ٱلنَّفَّـٰثَـٰتِ فِى
ٱلۡعُقَدِ ﴿٤﴾ وَمِن شَرِّ حَاسِدٍ إِذَا حَسَدَ ﴿٥﴾

سُورَةُ النَّاسِ

بِسۡمِ ٱللَّهِ ٱلرَّحۡمَٰنِ ٱلرَّحِيمِ

قُلۡ أَعُوذُ بِرَبِّ ٱلنَّاسِ ﴿١﴾ مَلِكِ ٱلنَّاسِ ﴿٢﴾ إِلَـٰهِ
ٱلنَّاسِ ﴿٣﴾ مِن شَرِّ ٱلۡوَسۡوَاسِ ٱلۡخَنَّاسِ ﴿٤﴾ ٱلَّذِى
يُوَسۡوِسُ فِى صُدُورِ ٱلنَّاسِ ﴿٥﴾
مِنَ ٱلۡجِنَّةِ وَٱلنَّاسِ ﴿٦﴾

PUBLISHED BY

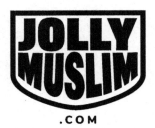

JOLLY MUSLIM

.COM

SCAN QR CODE
WITH YOUR
PHONE TO VIEW
ALL OUR BOOKS

Printed in Great Britain
by Amazon

40954858R00031